VENTE DU JEUDI 2 JUIN 1898

HOTEL DROUOT, SALLE N° 8.

ESTAMPES

ANCIENNES

DES ÉCOLES ANGLAISE ET FRANÇAISE

DU XVIIIᵉ SIÈCLE

EN NOIR ET EN COULEUR

Albums d'Eaux-fortes publiées par la maison Cadart

en épreuves avant la lettre

Sujets de Chasse et de Sport

ET

GRAVURES EN LOTS

Mᵉ MAURICE DELESTRE
COMMISSAIRE-PRISEUR
Rue St-Georges, n° 5

M. DUPONT AINÉ
MARCHAND D'ESTAMPES
Rue de Seine. n° 15

CATALOGUE

(Nᵒ 163)

d'une jolie collection

D'ESTAMPES

ANCIENNES

PRINCIPALEMENT

DES ÉCOLES ANGLAISE ET FRANÇAISE

DU XVIIIᵉ SIÈCLE

En noir et en couleur

Albums d'Eaux-fortes publiées par la maison Cadart

en épreuves avant la lettre

Sujets de Chasse et de Sport

ET

GRAVURES EN LOTS

DONT LA VENTE AURA LIEU

HOTEL DES COMMISSAIRES-PRISEURS, RUE DROUOT

Salle Nᵒ 8

Le Jeudi 2 Juin 1898

à deux heures

Par le Ministère de Mᵉ **MAURICE DELESTRE,** commissaire-priseur

Rue St-Georges, nᵒ 5

Assisté de M. **DUPONT Aîné,** marchand d'Estampes, rue de Seine, nᵒ 15.

Paris — 1898

CONDITIONS DE LA VENTE

La Vente sera faite au comptant.

Les Acquéreurs paieront cinq pour cent en sus du prix d'adjudication.

M. Dupont se réserve la faculté de réunir ou de diviser les lots.

L'ordre du Catalogue sera suivi.

DÉSIGNATION

ESTAMPES

ALIX, SERGENT, etc.

1 — Portraits divers en couleur. 8 p.

AMÉRIQUE

2 — Général Washington, en pied, par James Heath d'après Gabr. Stuart, in-fol. Belle épreuve collée sur un carton.

3 — Benjamin Franklin ; lithographie coloriée, in-fol. Belle ép.

4 — Mort de Montcalm. — Allégorie sur Lafayette. — Prise du Sénégal. — Mort du général Warren, etc. 13 p.

ARDELL (J. Mac)

5 — Lord John et Lord Bernard Stuart, en pied, d'après Vandyck. Belle épreuve.

6 — Portrait de Mlle Liotard, in-fol. Très belle épreuve.

BARTOLOZZI (d'après)

7 — Sprightliness ; réduction in-8. Très belle épreuve en couleur, toute marge.

BARTOLOZZI, BIGG et WHEATLEY

8 — The infant toilet. — The Angler. — Un des Cris de Londres. 3 p.

BASSET (à Paris chez)

9 — Fête du 14 Juillet an IX. Très belle épreuve en couleur.

BAUDOUIN (P. A.).

10 — Les Amants Surpris, par Choffard. — L'Enlèvement nocturne, par Ponce. 2 p.

11 — Louis XVI en pied, d'après Callet. Ancienne épreuve collée.

BIGG (W.)

12 — A lady and the Children relieving a cottager. — School boys giving charity to a blind man, par J. R. Smith. 2 p., très belles épreuves.

BOILLY (L.)

13 — La Jarretière, par Tresca. Belle épreuve en couleur, sans marge.

14 — Ah ! qu'il est joli, par Aug. Le Grand. Belle épreuve coloriée, grandes marges.

15 — Nous étions deux, nous voilà trois, par Vidal. Très belle épreuve, grandes marges.

16 — Prends ce biscuit, par Vidal. Belle épreuve coloriée, grandes marges.

17 — L'Économie politique. Belle épreuve coloriée.

BONNART (R.)

18 — Costumes de Louis XIV et de sa famille. 8 p.

BORCHHARD (Ch.)

19 — Maternal instruction, par G. Noble. Belle épreuve.

BOUCHER (fr.)

20 — Groupes d'amours. — Arabesques. 9 p., très belles épreuves.

BOVI (Mme)

21 — Portrait de Louis 16, ovale in-4. Belle épreuve en couleur. Rare.

CARESME

22 — La Bergère couronnée, par Janinet. Belle épreuve en couleur.

CHAPUY, GAUCHER, St-AUBIN

23 — Portraits et allégories sur Louis XVI. 8 p.

CHOFFARD (P.-P.)

24 — Portraits de Fl. Benoît, Larochefoucault, Legrand, Delalen, Le Tasse, Le Serrurier. 9 p.

CIPRIANI

25 — L'Agréable distraction, par Michel. Belle épreuve en couleur.

26 — La Maladie d'Antiochus, par Copia. Superbe épreuve en couleur avant toutes lettres, grandes marges.

COCHIN (C. N.)

27 — La Petite Charrière en couches, par Saint-Non. Très belle épreuve, toute marge.

28 — Portraits d'artistes et autres, in-4. 33 pp. dont une avant la lettre.

COCHIN et MOREAU

29 — Portraits de la *Société des Amis d'Apollon* et autres, in-12. 18 p. dont une à l'eau forte pure.

COLIBERT

30 — La Petite friande - Le Petit tapageur. 2 p. Belles épreuves en couleur.

COLINET

31 — Portrait de femme assise près d'un arbre : dédiée à la comtesse de Boufflers. Belle épreuve en couleur.

COPIA. LEGRAND et CAMPION

32 — La comtesse de Genlis — Wilhelmine, princesse de Prusse — Mme de Tersan, in-8. 3 p., belles épreuves.

COQUERET

33 — Les Ennuyés chez eux, d'après Carle Vernet. Belle épreuve en couleur, marge.

34 — Desaix en pied, d'après Hilaire Le Dru, in-fol. Très belle épreuve en couleur, grandes marges.

COUTELLIER

35 — Portrait de Mlle Maillard, in-8. Superbe épreuve en couleur avec toute sa marge.

36 — Joseph Ménier, de la Comédie italienne. Très belle épreuve en couleur du 1er tirage.

DEBUCOURT (P. L.)

37 — La Coquette et ses filles. Très belle épreuve en couleur, toutes marges.

38 — L'Innocente du jour. Très belle épreuve en couleurs, grandes marges.

39 — La Femme et le mari. Épreuve tachée.

40 — Le Pot au lait. Belle épreuve en couleur.

41 — Turcaret du jour. — La Phrase changée. — Elle est prête à cueillir ; n°s 2, 16 et 28 des *Modes et Manières*. 3 p. en couleur.

42 — Apprêts pour la Course, d'après Carle Vernet. Épreuve avant toutes lettres.

43 — Une Course au Champ de Mars, grand in-fol. Épreuve déchirée et salie.

44 — Les Joueurs de boules, d'après Carle Vernet. Très belle épreuve en couleur.

45 — Houssard anglais. — Officier anglais se rendant à une Partie de plaisir, d'après Carle Vernet. 2 p., très belles épreuves en couleur.

46 — Goûter des Anglais. Belle épreuve en noir.

47 — La Séparation pendant une nuit d'hiver. Très belle épreuve en noir. Rare.

48 — Une Ambulance, d'après Bellangé. Belle épreuve en noir.

DEBUCOURT et GARNERAY

49 — Barrière de Charenton. — Vue de l'Arsenal de Toulon. — Feu d'artifice sous Louis XV. 3 p. dont deux en couleur.

DEMARTEAU

50 — Sujets d'après Boucher et Cochin. 16 p. à la sanguine et aux deux crayons.

51 — Têtes d'études, d'après Boucher, Deshayes, Greuze, Pierre, Vanloo, etc. — Études de figures, 74 p., à la sanguine.

DEMARTEAU et BONNET

52 — Sujets d'après Boucher, Clermont, Le Prince, Natoire. 14 p., très belles épreuves à la sanguine et aux deux crayons.

DEROSIER

53 — Le Déjeuner du Modèle, par Sombret. Très belle épreuve en couleur, grandes marges.

DESSINS

54 — Arabesques, attribuées à Lavallée-Poussin. 3 dessins à la sépia.

55 — Dessins divers. 20 p.

DIVERS

56 — Le Tête-à-tête amoureux, médaillon rond pour dessus de boîte. Très belle épreuve avant toutes lettres, en couleur.

57 — Concert dans un jardin. Très petite pièce ovale en couleur, toute marge.

58 — L'Enfant qui dort sur sa mère. — Costume de femme anglaise, par Zancon, in-8. 2 p., belles épreuves en bistre.

59 — Au roi dépouillé. Louis le dernier et sa famille conduits au Temple. 2 ép. coloriées, dont une déchirée.

60 — Estampes sur Louis XVI, Marie-Antoinette et la Révolution. 9 p. en noir et en couleur.

61 — Almanachs, Cris de Paris, Caricatures. 10 p. la plupart coloriées.

62 — Costumes tirés d'un almanach, in-32. Suite de 12 p.

63 — École anglaise ; portraits et sujets. 7 p. en noir et en couleur.

64 — Dresden Burger. Gendarmerie en parade. Belle épreuve en couleur ; avec déchir.

DREVET (P.)

65 — Bossuet en pied, d'après Rigaud. Belle épreuve. — Plus un portrait par Tardieu.

DROLLING

66 — Le Chapeau, par Perdriau. Belle épreuve en couleur.

EGINTON exc.

67 — The fruit girl. — The girl and Pitcher. 2 p., belles épreuves en couleur.

FIQUET et SAVART

68 — Portraits de Fénelon, Bayle, Colbert, Crébillon, Chennevières. 9 p.

FRAGONARD (H.)

69 — L'Insomnie de Vénus, par Bonnet. Très belle épreuve en couleur.

70 — Les Enfants et l'âne, par Saint-Non. Belle épreuve en couleur.

71 — La Déclaration, par Bervic. Épreuve avant toute lettre, mal imprimée.

FREUDEBERG (S.)

72 — La Promenade du soir, par Ingouf Junior. Belle épreuve, marge.

FREUDEBERG et AUBRY

73 — Le Boudoir. — La Félicité villageoise. — L'Abus de la Crédulité. — La Gaieté de Silène. 4 p. en mauvais état.

FUSCLI (H)

74 — King Henry the fourth, par W. Leney, in-fol. Belle épreuve en couleur, sans marge.

GAUCHER et INGOUF

75 — Portraits de Bossuet, duc de Brissac, Lenoir, Gillet, Chapelle, etc. — Poëtes français, in-12. 44 p. dont plusieurs avec la lettre grise.

GAVARNI

76 — Les Bals masqués, les Débardeurs, Boîte aux lettres, Masques et Visages, sujets tirés de *l'Artiste*. 82 p.

77 — Titres de romances. 23 p. avant la lettre.

GÉRARD (Mlle)

78 — Je m'occupais de vous, par Vidal. Très belle épreuve en couleur, marge.

79 — La Romance, par H. Gérard ; in-fol. Belle épreuve avant la lettre, coloriée.

GÉRICAULT (d'après)

80 — Bataille de Maïpo, par Himely. Très belle épreuve en couleur.

GRÉEN (V)

81 — St-John the Baptiste, d'après Murillo. Belle épreuve.

GREUZE (J.-B.)

82 — L'Oiseau mort. Très belle épreuve en couleur avant toutes lettres.

HAMILTON (W.)

83 — Spring. — Sheep-Shearing, par Bartolozzi. 2 p., belles épreuves coloriées.

HAMILTON et WHEATLEY

84 — The Evening. — Night, par Tomkins. — Un des Cris de Londres, copie. 3 p.

HARDING

85 — The first lesson of Love. — The second lesson of Love, par Tomkins. 2 p., très belles épreuves en couleur, avec marge.

HODGES (C. H)

86 — Raphael's mistress, d'après Jules Romain. Très belle épreuve.

HOIN et MONNET

87 — L'Écueil de la sagesse, par de Monchy. — Salmacis et Hermaphrodite, par Vidal. 2 p., belles épreuves.

HOPPNER (J.)

88 — Cécilia, par J. Baldrey ; in-4. Superbe épreuve imprimée en bistre.

HUET (J.-B.)

89 — Le Silence de Vénus, par Bonnet. Superbe épreuve en couleur, marge.

90 — La belle toilette. — La Jarretière. — La bèlle Cachette, par Bonnet. 3 p., très belles épreuves en couleur.

91 — La Méfiance, par Bonnet. Très belle épreuve en couleur.

92 — Le Souper, par Bonnet. Très belle épreuve en couleur, sans marge.

93 — Offrande à Bacchus, par Bonnet. Belle épreuve en couleur, sans marge.

HUET et LE PRINCE

94 — Sujets et paysages. 7 p. en couleur et en bistre.

ISABEY (I.)

95 — Marie-Louise, impératrice, reine et régente, par Mécou. Très belle épreuve coloriée.

96 — Arrivée de S. A. R. le duc de Bordeaux à Chambord. Très belle épreuve coloriée.

JANINET

97 — L'Agréable négligé, d'après Baudouin. Épreuve en couleur, salie.

98 — Acteurs et actrices, en pied, in-8. 21 p. en couleur.

JAZET

99 — Le général Aug. Colbert en pied, d'après Gérard, grand in-fol. Très belle épreuve avant la lettre.

100 — Le général Lasalle ; en pied, d'après Gros, gr. in-fol. Très belle épreuve avant la lettre.

101 — Départ du bivouac, Cosaques et Baskirs, d'après Saverwied, grand in-fol. Belle épreuve.

102 — A tous les cœurs bien nés, que la Patrie est chère !
d'après H. Vernet, grand in-fol. Belle épreuve.

103 — Les Petits bourgeois parisiens. — La Pluie d'orage,
d'après Cœuré. 2 p. en couleur.

104 — Le Départ pour la guerre, d'après H. Lecomte. Belle
épreuve.

JEAN (à Paris chez)

105 — Généraux de l'Empire et de la Restauration. 18 p.
coloriées.

JOLLAIN

106 — Le Bain, par L. Bonnet. Très belle épreuve en couleur.

KAUFFMANN (Ang.).

107 — Blind man's buff, par de Lépinay. Belle épreuve en
couleur.

LANCRET (N.).

108 — Le Printemps. — L'Eté. — L'Automne. — La Soirée,
par de Larmessin. 4 p., très belles épreuves, grandes marges.

LAURENCE (Th.).

109 — Lady Georgiana, en pied. — The Right Hon. George
Canning, par Turner. — Miss Kemble, par J. Lane. 3 p.,
belles épreuves.

LAVREINCE (N.).

110 — L'Accident imprévu. — La Sentinelle en défaut, par
Darcis. 2 p., très belles épreuves.

LE BEAU

111 — Conventions de mariage — Le Mari trompé. 2 p.,
très belles épreuves, marge.

112 — La Chevalière d'Eon de Beaumont ; deux portraits
différents, in-8 2 p., belles épreuves.

LEGRAND (Aug).

113 — Almeïde. Très belle épreuve en couleur, marge.

LESPINASSE (de)

114 — Vue intérieure de Paris représentant le Port St-Paul. — Vue de Paris représentant le Port au blé. 2 p. dont une avec les armes.

LEVACHEZ

115 — Cambacérès, second consul de la République française, d'après Devouge, in-fol. Très belle épreuve en couleur.

LEVACHEZ et DARCIS

116 — Costumes militaires et sujets de chasse d'après C. Vernet. 5 p. en couleur.

LÉVILLY

117 — Quand reviendra-t-il. Très belle épreuve en couleur.

118 — La Rivale désabusée. Très belle épreuve coloriée.

MALLET

119 — Chit, chit !... par Copia. Très belle épreuve avant la lettre, en couleur.

120 — L'Impatience amoureuse, par de Sève. Très belle épreuve en couleur.

121 — L'Instinct de la musique — Jamais il ne dansera plus heureux, par Prot. 2 p., belles épreuves coloriées, grandes marges.

MARIN (L.)

122 — The woman taking coffee. Belle épreuve en couleur avec le cadre rehaussé d'or ; déchirure race.

MEISSONIER (d'après)

123 — Le Défilé de Nancy, par Jacquemart. 2 épr.

MONDHARE (chez)

124 — Embrasement de la Foire St-Germain à Paris dans la nuit du 16 au 17 Mars 1762. Epreuve coloriée. Rare.

MOREAU le Jeune

125 — Portrait de Papillon de la Ferté, in-4. Belle épreuve. Rare.

MORLAND (G.)

126 — George Morland, par Ward, in-fol. — Autre par Collins, in-8, 2 p. Très belles épreuves.

127 — The fleecy charge, par Shepheard. Très belle épreuve en couleur, marge.

128 — La Partie quarrée. Belle épreuve en couleur.

129 — Boys robbing Orchard, par E. Scott. Belle épreuve, lettres grises, toutes marges, coloriée.

130 — The shepperd boy. — The woodcutter, par Ward. 2 p., belles épreuves.

131 — Visite de la bonne mère à son enfant chez la nourrice. Belle épreuve coloriée.

MORLAND et SINGLETON

132 — Industry and Œconomy. — The Fruits of industry and Œconomy. — Extravagance and Dissipation. — The effects of Extravagance and Idleness, par Darcis, grand in-fol. Suite de 4 p., belles épreuves.

133 — Les mêmes estampes. Suite de 4 p. avec le titre en français ; déchirées en plusieurs endroits.

NANTEUIL, VAN SCHUPPEN, etc.

134 — Portraits de P. Séguier, marquis de Mony, Le Tellier, Thomassin, P. Pithou, Olier, etc. 12 p.

NAPOLÉON (Estampes relatives à)

135 — Bonaparte présente l'olivier de la paix à toutes les puissances de l'Europe, par Le Campion, d'après Desrais, in-fol. Belle épreuve.

136 — La France soutenant les médaillons de Napoléon et de Joséphine, par Gautier l'aîné, in-8. Belle épreuve.

137 — Bonaparte premier consul, dans un médaillon ayant contenu le portrait de Louis XVI, gravé par Lemire d'après Moreau le jeune, in-4. 2 épreuves, dont une avec le dessin du portrait. — Plus une copie du même sujet avec le portrait différent.

138 — Couronnement de l'Empereur Napoléon 1er par notre St Père le pape Pie VII, le 11 frimaire an 13, in-4. Belle épreuve coloriée.

139 — Napoléon. — Marie-Louise, par Canu, in-8. 2 p., très belles épreuves en couleur, toute marge.

140 — Allégorie avec le portrait de la Comtesse d'Artois, remplacé par le portrait de Napoléon, in-fol. Très belle épreuve avant la lettre, seulement les armés.

141 — Napoléon à cheval, entouré de son Etat-major, d'après Levachez. Très belle épreuve avant la lettre, en couleur.

142 — Bonaparte recevant l'olivier de la paix. — La Boule de neige. — Siège de St-Jean d'Acre. 5 p.

143 — La mort de Napoléon. — Apothéose. — Napoléon sortant du tombeau, par Jazet. 7 p.

144 — Napoléon, buste fort comme nature, par Carrière d'après David. Très belle épreuve.

145 — Allégories et portraits. — Généraux en pied. 11 p.

PAYE (R. M)

146 — Boys playing at peg top. — Boys playing at marbles, par R. Pollard. 2 p., belles épreuves.

PÉRELLE

147 — Vues de Paris et des environs. 71 p.

PILLEMENT

148 — Ornements genre chinoiseries. 8 p., très belles épreuves.

PRUDHON (P. P.)

149 — Lithographies par J. Boilly et autres. 23 p. dont plusieurs très belles épreuves.

REYNOLDS (Joshua)

150 — Elisabeth countess of Pembroke and her son, par Dixon, in-fol. Très belle épreuve.

ROWLANDSON

151 — An Italian family, par S. Alken. Très belle épreuve en couleur, du 1er tirage.

152 — Luxury. — Misery. 2 p. en couleur sur la même feuille.

153 — Costumes militaires. 14 p. en couleur.

RYDER (T.)

154 — Portrait d'une jeune femme, in-4. Très belle épreuve.

SCHALL

155 — Le Garde-chasse scrupuleux. Belle épreuve.

SERGENT

156 — M. Necker, d'après Duplessis, in-4. Belle épreuve en couleur, avec le texte.

SHELLEY

157 — Petits sujets en couleur et à la sanguine. 15 p.

SINGLETON

158 — Petite fille jouant au cerceau, par Gilby. Belle épreuve en couleur.

SMITH (J.-R.)

159 — The Soldier's farewell. Très belle épreuve en bistre, avec marge.

160 — Black brown and Fair, par Damougeot. Belle épreuve en couleur, marge.

SPORT (Estampes sur le)

161 — A Livery stable, par Ward, grand in-fol. Très belle épreuve, lettres grises. Encadrée.

162 — Spring. - Summer, par Harris, d'après Herring, grand in-fol. 2 p., très belles épreuves en couleur. Encadré.

163 — Sir Hercules et Beeswing, par Harris d'après Laporte, grand in-fol. Très belle épreuve en couleur. Encad.

164 — Hunting ; plates II et IV. 2 pièces, très belles épreuves en couleur.

165 — Eventail : La chasse au renard. Très belles épreuves en couleur.

166 — The excellent horse Marquis, par Sartorious. — Bay Malton, the most excellent horse, the property, the Right Hon. marquis of Rockingham. — Leading out a Hunter, d'après Seymour. — The portraiture of Little driver. — The portraiture of the horse Antelope, par Roberts. 5 p. très belles épreuves en couleur.

167 — Amazone égarée, par Jazet, d'après Carle Vernet. Belle épreuve en couleur.

168 — Calèche française. — Diligence française. — Malleposte anglaise, par Jazet. 3 p., belles épreuves en couleur.

169 — Projet de voiture, par J. S. Müller d'après Hayman. Estampe curieuse et rare.

170 — Extraordinary trotting match against time, 1839, par Hunt. Belle épreuve, avec déchir.

171 — Sujets de chasse, par Geoffroy d'après Susemilh. 4 p., belles épreuves en couleur.

172 — Chevaux et chiens, par Alken. — Diligence, par Herring. 4 p. en couleur.

173 — La Chasse au sanglier, par Huquier d'après Oudry. Belle épreuve.

174 — Chasses du duc de Berry, d'après C. Vernet. 4 p.

175 — Souvenirs du chasseur, par Grénier. Suite de 12 p.

176 — Voitures, par Leuillot et V. Adam. 4 p.

STOTHARD (T.)

177 — La lettre reçue, par Joseph Strutt. Très belle épreuve avant la lettre, marge.

TAUNAY

178 — Noce de village. — Foire de village, par Descourtis. 2 p., belles épreuves en couleur avec marges.

TÉNIERS (D.)

179 — Le Joueur de Cornemuse. — Le Siffleur de linote. — La Conversation, etc. 6 p., belles épreuves.

VERNET (C. et H.)

180 — Sujets de chasse, gravés et lithographiés. 17 p.

VERNET (H.)

181 — La dernière cartouche, par Chollet. Belle épreuve avant la lettre.

VIVARÈS (chez)

182 — Cérès. – Jeune veuve. 2 p. en couleur.

WATTEAU (Ant.)

183 — L'Amour désarmé, par B. Audran. Très belle épreuve, marge. — Plus une autre pièce.

WOLFF l'aîné

184 — La Douce minette. Très belle épreuve en couleur.

ALBUMS D'EAUX-FORTES

PUBLIÉES PAR CADART

185 — L'Eau-forte en 1874. 1 album contenant 30 eaux-fortes avant la lettre sur papier rose. Très rare.

186 — L'Eau-forte en 1874, 30 pl. — 1876, 30 pl. — 1877, 30 pl. — 1878, 30 pl. — 1880, 30 pl. — 1881, 30 pl. Ensemble 6 albums contenant ensemble 180 p. avant la lettre sur papier du Japon.

187 — L'Eau-forte en 1874, 30 pl. — 1875, 40 pl. — 1877, 30 pl. 3 albums contenant ensemble 100 p. avant la lettre sur papier de Chine.

188 — L'Eau-forte en 1875, 40 pl. — 1876, 30 pl. — 1877, 30 pl. — 1878, 30 pl. — 1879, 30 pl. Ensemble 5 albums contenant 160 p. avant la lettre sur papier de Hollande.

189 — L'Eau-forte en 1875. 1 album contenant 40 pl. avant la lettre sur chine.

190 — L'Eau-forte en 1878. 1 album contenant 30 pl. avant la lettre sur parchemin. Rare.

191 — L'Eau-forte en 1878, 30 pl. — 1879, 30 pl. 2 albums contenant 60 p. avant la lettre sur papier de Hollande.

192 — L'Eau-forte en 1871. 1 album contenant 30 pl. avant la lettre sur japon blanc. Rare.

GRAVURES EN LOTS

193 — Gravures par et d'après Condé, Debucourt, Morland. 10 p. en noir et en couleur.

194 — Ecoles anglaise et française du XVIIIe siècle. 12 p. en noir et en couleur.

195 — Ex-libris, armoiries, frontispices, ornements. 72 p.

196 — Costumes d'acteurs et d'actrices publiés chez Martinet. 90 p. coloriées.

197 — Bals d'artistes, bals masqués, modes. 85 p. coloriées.

198 — Costumes militaires. 21 p., la plupart coloriées.

199 — Costumes militaires et autres. 75 p. en noir et coloriées.

200 — Costumes français et étrangers. 83 p.

201 — Le Costume historique par Racinet et autres. 114 p. en couleur.

202 — Lithographies par et d'après H. Monnier, Bouchot, Mouilleron, H Lecomte, Deveria, Grandville, etc. 60 p.

203 — Eaux-fortes par et d'après Koepping, Lalauze, Mlle Niel, Ribot, H. Somm, etc. 25 p., avant et avec la lettre.

204 — Eaux-fortes par Ch. Jacque, Daubigny, Flameng, Appian, Rajon, Hédouin, etc. 60 p.

205 — Portraits des suites de Montcornet, Darel et Larmessin. 77 p.

206 — Suites de Desrochers et Odieuvre. 100 p.

207 — Portraits tirés des Grands hommes de Perrault et de la Galerie française. 48 p.

208 — Portraits de la suite d'Esnault de Rapilly. 53 p. Quelques doubles.

209 — Personnages de la Révolution par Fiésinger, Levachez. Vérité, Bonneville. — Procès du Collier. 24 p.

210 — Portraits de Molière, La Fontaine, Voltaire. 90 p.

211 — Portraits de la suite des *Oraisons funèbres*. 44 p., la plupart avant la lettre et à l'eau-forte pure.

212 — Collection Roger. 42 p.

213 — Rois de France, de Charles VII à Henri IV. 105 p.

214 — Louis XIV, Louis XV, etc. 53 p.

215 — Portraits de Louis XVI et sa famille. 100 p.

216 — Louis XVIII. Charles X, Louis-Philippe, Napoléon III. 50 p.

217 — Acteurs et actrices. 115 p.

218 — Artistes peintres, sculpteurs, graveurs, architectes. 223 p.

219 — Portraits d'auteurs. Environ 300 p.

220 — Astronomes, mathématiciens, chimistes, ingénieurs. 28 p.

221 — Clergé. Environ 50 p.

222 — Criminels. 25 p.

223 — Généraux, députés. 160 p,

224 — Médecins. 75 p.

225 — Musiciens. 77 p.

226 — Portraits de femmes, anciens. 67 p.

227 — Portraits de femmes, modernes. 90 p.

228 — Portraits-charges. 39 p.

229 — Portraits américains. 34 p.

230 — Portraits anglais, russes, polonais. 59 p.

231 — Portraits autrichiens, allemands, hollandais. 93 p.

232 — Portraits italiens, espagnols, portugais. 76 p.

233 — Portraits russes. 24 p.

234 — Portraits divers in-8 et in-4. 43 p.

235 — Portraits divers. Environ 150 p.

236 — Chasses, courses, chevaux. 28 p.

237 — Chevaux, sujets de chasse. 39 p.

238 — Chiens et chats. Environ 50 p.

239 — Fleurs. 50 aquarelles.

240 — Fleurs, fruits, oiseaux. Environ 60 p. en noir et coloriées.

241 — Vignettes de Boucher et autres pour les Œuvres de Molière, in-12. 66 p.

242 — Vignettes de Moreau, pour Molière, édition Renouard. Suite de 31 p. — Plus 53 p. doubles.

243 — Vignettes gravées à l'eau-forte pour les Œuvres de Molière. 123 p. la plupart avant la lettre, et sur papier du Japon ; plusieurs doubles.

244 — Vignettes du XVIIIe siècle, frontispices, tabatières. 52 p. dont plusieurs avant la lettre.

245 — Vignettes du XVIIIe siècle. 80 p.

246 — Vignettes modernes et photographies. 38 p.

247 — Vues de Paris et de France, etc. 64 p.

248 — Lettres ornées, entêtes, culs-de-lampe, gravés sur bois. Un très fort lot.

249 — Photographies. Environ 50 p.

250 — Héliogravures d'après les anciens maîtres. 73 p.

251 — Gravures diverses. Un fort lot.

GRANDE IMPRIMERIE DU CENTRE. — HERBIN, MONTLUÇON.

www.ingramcontent.com/pod-product-compliance
Lightning Source LLC
LaVergne TN
LVHW011005180726

843502LV00007B/2341